AF226508

Oz
87

BIOGRAPHIE

DU

CAMOËNS

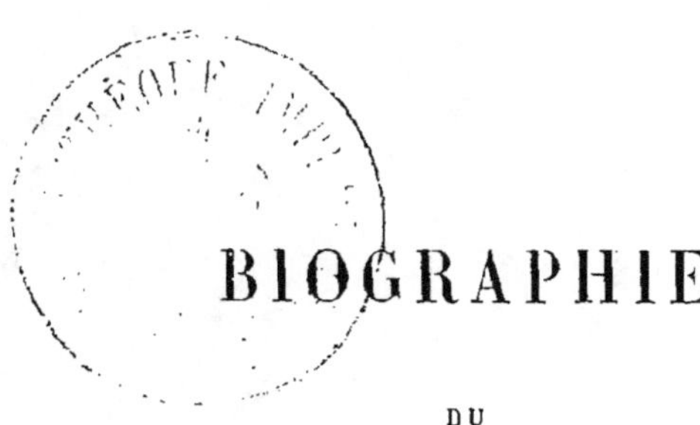

PARIS. — IMP. SIMON RAÇON ET COMP., RUE D'ERFURTH, 1.

BIOGRAPHIE

DU

CAMOËNS

TELLE QU'ELLE FIGURERA DANS LES COLONNES

DU GRAND DICTIONNAIRE

PAR

PIERRE LAROUSSE

PARIS

LIBRAIRIE DE Vve J. P. AILLAUD, GUILLARD ET Cie

RUE SAINT-ANDRÉ-DES-ARTS, 47

1867

BIOGRAPHIE

DU

CAMOËNS

CAMOËNS (Louis de). Voici encore un de ces hommes qu'un grand génie ne sauva point de l'infortune. A qui imputerons-nous les longs malheurs qui le poursuivirent jusqu'au tombeau? Sera-ce à cette organisation nerveuse, à ces passions vives et ardentes inséparables peut-être du génie? ou sera-ce à ce qu'on appelle vulgairement le sort, à cette fatalité invincible qui semble s'attacher à ces poëtes créateurs destinés à élever des monuments impérissables parmi les hommes?

Homère, Tasse, Milton, Camoëns, Cervantes, illustres malheureux sur qui pesa cette main de fer; êtres mystérieux en qui tout fut extraordinaire; qui mendiiez et souffriez en chantant ces vers divins qui feront l'éternel entretien des hommes, dites-nous le secret de vos longues infortunes: dites-nous les causes de vos singulières et déplorables destinées. Mais qui les sait, et les saviez-vous vous-mêmes? *Sunt lacrymæ rerum.* Et l'on n'en voit que les effets. La gloire est au prix de la souffrance, et vos noms immortels en sont l'éclatante preuve.

Mais nul peut-être ne fut affligé de plus de maux en tous genres que le poëte à qui Lisbonne doit toute sa gloire littéraire; Lisbonne, où il traîna de si tristes jours, en proie à tous les besoins, et manquant de pain ; Lisbonne, qu'il dota de la seule grande composition poétique qu'elle puisse présenter avec orgueil aux nations les plus illustres dans les lettres.

Louis de Camoëns naquit, en 1525, à Lisbonne. Sa famille, originaire de la Galice, était noble, mais pauvre, et son père s'épuisa pour lui faire donner une éducation classique à l'université de Coïmbre. C'est là qu'il fit ses humanités et qu'il étudia la philosophie. L'université de Coïmbre était alors en grande renommée ; on y voyait une statue de la Sagesse portant, en lettres gothiques, l'inscription suivante :

Amice, sequere me et non dimittam te ;
Disce vivere in servitute et mori in paupertate.

Ami, suis-moi, et je ne t'abandonnerai jamais ; apprends à vivre dans la servitude et à mourir dans la pauvreté.

C'était la sagesse, hélas ! dans ces temps d'oppression et d'inégalité, d'apprendre à vivre soumis et à mourir pauvre ; Louis de Camoëns n'eut que trop à exercer ces fatales vertus. Mais son âme, supérieure à son fier génie, se révoltait parfois contre une si dure résignation. Il poussait des soupirs de liberté ; il avait des aspirations vers la fortune. Camoëns revint à Lisbonne plein de ses auteurs et de toutes ces belles fictions de l'antiquité qu'il devait mêler, plus tard, dans ses *Lusiades*, aux mystères de la religion du Christ. De ce retour dans sa famille date la passion qui a le plus influé sur sa vie. Sa naissance lui permettait l'accès de la cour ; il y vit Catherine d'Attayde, dame du palais, et s'éprit pour elle de l'amour le plus ardent. Ce fut elle qui lui inspira ses premiers vers, et l'on peut dire aussi ses derniers : car on voit des traces de cette profonde passion jusque dans les poésies qu'il composait peu de temps avant sa mort, et dans le dénûment le plus affreux. Le souvenir de Catherine d'Attayde a rempli sa vie, et si d'autres femmes furent aimées de lui, aucune, du moins, ne le fut comme elle. Les vers du pauvre amoureux étaient aussi chastes que passionnés, car jamais sa plume n'écrivit le nom de la femme qu'il adorait. Cet attachement lui attira bientôt à la cour de fâcheuses querelles, et, comme il n'était que simple gentilhomme et point grand de Portugal, il fut cavalièrement exilé à Santarem, dans l'Estramadure portugaise, pays triste, où il ne trouva de consolation qu'à chanter ses amours et à se plaindre en vers touchants de ses premiers malheurs. On a de ce temps des sonnets, tout empreints de la violente agitation de son âme. Il y exprime ses souffrances, l'ennui de la solitude pour un cœur ardent qui cherche partout ce qu'il aime et se consume dans *son vain souci*. C'est dans ces élégies douloureuses, qui ne sont pas encore tout à fait des *Tristes* désespérées, qu'il faut voir tout ce que peut souffrir à vingt ans une âme de poëte dans cet abandon des hommes et loin de ce qui seul donne pour lui un charme à la vie. Las de son exil, il demanda, pour en sortir, à faire partie de l'expédition militaire que le Portugal envoyait contre le Maroc. Il obtint cette grâce, et passa en Afrique en qualité de simple soldat. Là, au milieu de combats fréquents, d'alertes continuelles, couchant sur la dure et vivant sans repos, notre poëte cependant chantait, faisait des vers, rappelait ses amours, s'animait à la guerre ; et son courage et sa verve s'exaltaient si bien, qu'il fit, dans cette campagne, autant d'actions de bravoure que de vers heureux. Il payait partout de sa personne, et, dans un engagement devant Ceuta, il eut l'œil droit emporté d'un coup de feu. Tout cela ne lui valut ni avancement ni récompenses, et son sort n'en devint que plus incertain à son retour dans sa patrie.

Méconnu des courtisans, souvent même abreuvé d'humiliations, Camoëns résolut de quitter pour jamais son ingrate patrie, et d'aller chercher sous d'autres cieux ce bonheur qu'il devait toujours poursuivre en vain dans l'un et dans l'autre hémisphère. Il s'embarqua donc pour les Indes en 1553, et jura, dans un chant de départ plein d'amertume, que sa patrie n'aurait pas ses os.

Arrivé à Goa, où les Portugais avaient fondé un de leurs établissements de l'Inde, Camoëns sentit plus vivement la grandeur de la découverte de Vasco de Gama, la plus glorieuse peut-être de l'histoire du Portugal. Cette expédition vers un but inconnu, à travers des mers nouvelles et mille périls, l'intrépidité de ces hommes, le génie de leur chef, de ce hardi Vasco, ouvrant une si large voie au commerce de son pays, et atteignant, par des mers qui avaient paru jusque-là impraticables, un pays où les anciens avaient à peine pénétré par terre et après de longs efforts; tout cela lui parut si grand et si glorieux pour le Portugal, que, malgré les injustices dont ses compatriotes l'avaient accablé, il conçut l'idée d'immortaliser ces faits, et d'élever à son pays un monument impérissable.

Cette vie errante sur les vagues de l'Océan et sous un ciel de feu laissa une profonde impression dans l'âme du poëte-soldat, et nous lui devons notamment ces images hardies, ces descriptions colorées et ces peintures éclatantes des grands phénomènes de la mer que nous retrouvons dans son poëme.

Il mit sur-le-champ la main à l'œuvre, et n'en fut distrait que par de nouvelles disgrâces que lui suscitèrent sa franchise et sa loyauté. Plaignons-le, mais ne le blâmons pas de n'avoir pas su contenir son indignation contre les malversations du vice-roi de Goa. Cette noble révolte de l'honneur dépendant contre le dol tout-puissant le mit de nouveau en lutte avec l'adversité. Dans sa colère, le vice-roi exila notre poëte à Macao. Il se résigna à son mauvais sort, et se livra, dans son exil, avec plus d'assiduité encore à la composition de son poëme des *Lusiades*, qu'il n'avait qu'à demi ébauché durant son séjour à Goa. Il passa à Macao plusieurs années, durant lesquelles il acheva cet immortel poëme. On montre encore à Macao, au sommet d'une montagne de granit, une sorte de galerie naturelle formée sur des rochers et suspendue au-dessus de l'abîme, qu'on nomme la *Grotte de Camoëns*. C'est là que le grand poëte se retirait chaque jour pour composer ses vers, rêver à la patrie absente et endormir ses douleurs au bruit des vagues de l'Océan, dont l'immensité se déroulait devant ses yeux. Cette grotte est aujourd'hui la propriété d'un Portugais, M. Marquez, qui a dû, dans ces derniers temps, y faire placer le buste en bronze du poëte national.

Cependant Camoëns nourrissait le regret d'être éloigné de sa patrie, ou même d'un pays habité du moins par des hommes portant des habits portugais et parlant la langue qu'il avait bégayée au berceau. Aussi, lorsqu'il apprit son rappel, sa joie fut-elle grande ; et il quitta sans peine cette terre où il venait de fonder ses titres à l'immortalité.

Dans la traversée de Macao à Goa, le vaisseau sur lequel il était fut assailli par une violente tempête, à l'embouchure de la rivière *Mécou*, en Cochinchine, et fut submergé. Camoëns, néanmoins, se sauva du naufrage et sauva avec lui son plus cher trésor, son poëme des *Lusiades*, en le tenant d'une main hors de l'eau, tandis que de l'autre il nageait vers le bord.

Il revit Goa. Un nouveau vice-roi y commandait, qui ne lui épargna pas les persécutions, et qui le fit retenir en prison, au nom de quelques créanciers, comme pour venger encore son prédécesseur. Ce traitement indigne retarda son départ pour le Portugal, vers lequel tendaient tous ses vœux. Quelques amis s'intéressèrent pour lui, et il lui fut enfin permis, en 1569, de s'embarquer pour Lisbonne, qu'il n'avait pas revue depuis seize ans. Qu'y venait-il chercher ? Hélas ! il croyait y trouver la gloire et les récompenses que méritaient son génie et ses longs travaux ; l'affreuse misère l'y attendait. Alors, il regretta ces délicieuses contrées de l'Asie, où l'homme vit de si peu, et n'a, pour ainsi dire, qu'à se laisser vivre et à jouir des dons d'une nature féconde, douce, riche et brillante tout ensemble.

Dans un de ses *Cançöes*, Camoëns retrace avec énergie les tourments de son existence poursuivie par une sorte de fatalité :

« Tantôt, j'éprouvai toute la fureur de Mars, s'écrie-t-il ; tantôt, pèlerin errant et sans but, voyant de nouvelles nations, entendant de nouveaux langages, observant des mœurs nouvelles, uniquement pour te suivre, fortune injuste, qui consumes les âges et qui montres aux humains une espérance ayant l'éclat du diamant, une espérance anéantie bientôt comme le verre fragile tombé des mains !

« La pitié des hommes me manquait ; mes amis me furent contraires
dès le premier abord du péril ; on me refusait l'air que respirent les
autres êtres ; enfin, tout m'abandonnait à la fois. Quel secret difficile
à comprendre ! Naître pour vivre et se voir privé de ce qui est nécessaire
à la durée de cette existence, et ne pouvoir la perdre quand on a fait
tout ce qu'il faut pour cela. Enfin, il n'y a pas de transes, pas de périls
par lesquels je n'aie passé, pas d'injustices que je n'aie souffertes,
injustices commises par ces puissants du monde qu'un antique abus
des choses élève au-dessus des autres ; j'ai vécu attaché à la fatale
colonne de la misère, à cette colonne par moment rompue, mais que
relevait toujours le bras fort de mes persécuteurs. »

Telles furent les plaintes éloquentes de Camoëns, plaintes qu'il
renouvelées souvent dans le cours des *Lusiades*, et ce n'étaient point
seulement des plaintes de poëte, car l'affreuse réalité les a inspirées.

Cependant une aurore de prospérité sembla briller pour lui. Sébastien
venait de monter sur le trône de Portugal. Ce jeune roi, doué de bril-
lantes qualités, généreux ami des lettres et des arts, se plut à donner
des encouragements à Camoëns. Il accepta la dédicace du poëme des
Lusiades, et lui donna même des suffrages publics. Mais, à peine Camoëns jouissait-il de cette auguste faveur qu'il en fut soudainement privé.
Sébastien reçut la mort dans son expédition contre les Maures d'Afrique,
en 1578, au combat d'Alcaçar. Par cette mort, tout changea de face en
Portugal. Une dynastie finissait en Sébastien, et le royaume, passant à une
famille étrangère, tomba sous la domination de ce Philippe II, sous
lequel l'Espagne gémissait opprimée et abêtie. Dès lors, tout fut fini
pour Camoëns, et sa vie ne fut plus qu'un combat avec la faim. Il
tomba dans un dénûment tel, qu'il languissait quelquefois de longues
heures dans l'inanition.

On n'ignore pas qu'un esclave, nommé Antonio, qui s'était attaché
à lui, mendiait dans les rues de Lisbonne pour subvenir aux besoins de son maître, *à qui la pitié de ses amis avait manqué*. Camoëns
fut contraint, en quelque sorte, de vivre de la charité publique, la

pension de quinze mille reis qui lui avait été faite par la cour de Lisbonne après la publication de son poëme, étant insuffisante.

On rapporte qu'un jour Rugdias de Camara, notable chevalier, le sollicita de traduire en portugais les sept Psaumes de la pénitence. Après un certain laps de temps, quelques stances seulement étant achevées, celui-ci se plaignit de la lenteur du poëte, qui avait écrit tant et de si beaux vers. Camoëns lui répondit : « Seigneur, quand je les écrivais, je me trouvais en âge florissant, j'étais favorisé des dames, j'avais le nécessaire ; maintenant, le nécessaire me manque, et si complétement que là est mon Antonio me demandant quatre *moedas* pour acheter du charbon sans que je puisse les lui donner. »

Cette horrible existence, que Camoëns traîna ainsi quelque temps, à l'âge où il était parvenu, ne pouvait se prolonger. Aussi mourut-il bientôt sur un misérable grabat, dans un hôpital où l'avaient jeté le désespoir et le besoin. Il y rendit le dernier soupir à soixante-deux ans, en 1579.

Quinze ans après sa mort, ses compatriotes lui rendirent une justice éclatante, et consacrèrent à sa mémoire un monument sur lequel on lisait une épitaphe où Camoëns était appelé le *prince des poëtes*. Un prince qu'on avait laissé mourir de faim... quelle amère dérision ! Ainsi va le monde !

> Dryden est mort de faim, on l'enterre avec pompe.

. . . .

Dans les colonnes du *Grand Dictionnaire,* les *Lusiades* auront un article particulier, où nous montrerons toute l'importance de cette épopée éminemment nationale. Dans ce poëme, dont le sujet est la découverte des Indes orientales par Vasco de Gama, le poëte montre l'intrépide navigateur doublant le cap des Tempêtes et l'apparition du géant Adamastor, création égale à tout ce que l'imagination des plus grands poëtes a pu produire, et, après une suite de tableaux tour à

tour terribles et touchants, termine par une prophétie sur les hauts fai[ts]
des Portugais.

Toutefois, nous ne finirons pas sans dire que Voltaire, qui a jug[é]
les *Lusiades* avec beaucoup de finesse et de goût, et qui a rendu plein[e]
justice au touchant épisode d'Inès de Castro, à la fiction du géant, à l[a]
voluptueuse peinture de l'*Ile enchantée*, a critiqué le mélange, qu'[il]
appelle *bizarre*, des divinités païennes et chrétiennes. Il trouve que rie[n]
n'est plus singulier que de voir Bacchus, transformé en enfant de chœu[r]
brûler de l'encens devant l'autel de la Vierge immaculée. Peut-êtr[e]
Voltaire a-t-il failli ici à son tact accoutumé. A la lecture, comme le d[it]
très-bien M. Necker-Staël-Holstein, « cette alliance des dieux païens e[t]
des saints du christianisme ne produit pas une impression discordante[;]
on sent que le christianisme représente le côté sérieux de la vie; l[e]
paganisme, ses plaisirs et ses fêtes; et l'on trouve une sorte de délica[-]
tesse à ne pas se servir de ce qui est saint pour les jeux mêmes d[u]
génie. Camoëns avait, d'ailleurs, des motifs ingénieux pour introduir[e]
la mythologie dans son poëme. Il se plaisait à rappeler l'origine romain[e]
des Portugais, et Mars et Vénus étaient considérés non-seulemen[t]
comme les divinités tutélaires des Romains, mais aussi comme leu[rs]
ancêtres. »

On a imprimé, sous le nom de Camoëns, trois comédies : *Seleuca*
les *Amphitryons, les Amours de Filodème. Les Amphitryons* sont un[e]
imitation de Plaute ; Sosie et Mercure s'y expriment en espagnol.

On attribue aussi à Camoëns une jolie chanson espagnole, intitulée l[a]
Marinière. Terminons par ce chant de poésie, de tristesse et d'amour[.]
Ces trois mots résument ta vie tout entière, ô grand génie! *Si vis m[e]
flere...* Suivons le conseil du poëte en effeuillant ces strophes sur t[a]
tombe, pour que le lecteur aussi sente quelque chose en son âme quan[d]
il lira ces lignes, qui sont un martyrologe bien plus qu'une bio[-]
graphie.

Je veux, je veux, ma mère,
Aller sur la galère

Que vous voyez d'ici.
Oh! ce n'est pas ma faute
Ni celle de notre hôte;
L'amour le veut ainsi.
L'amour veut, ô ma mère,
Je ne puis le nier,
Que je sois marinière
Avec le marinier!

L'amour est notre maître,
Chacun doit se soumettre
A ses puissantes lois.
Contre lui, simple et tendre,
Irais-je me défendre,
Quand il commande aux rois?
L'amour veut, ô ma mère,
Je ne puis le nier,
Que je sois marinière
Avec le marinier!

Je sais bien que sur l'onde,
Quand la tempête gronde,
Ma mère, on meurt d'effroi.
Mais toute lutte est vaine.
Le désir qui m'entraine
Est bien plus fort que moi.
L'amour veut, ô ma mère,
Je ne puis le nier,
Que je sois marinière
Avec le marinier!

PARIS. — IMP. SIMON RAÇON ET COMP., RUE D'ERFURTH, 1.